AF349489

INSTITUT DE FRANCE

ACADÉMIE DES BEAUX-ARTS

DISCOURS

PRONONCÉS

A L'INAUGURATION DU MONUMENT

ÉLEVÉ A LA MÉMOIRE DE

CHARLES GARNIER

A PARIS

Le samedi 20 juin 1903

PARIS

TYPOGRAPHIE DE FIRMIN-DIDOT ET Cⁱᵉ

IMPRIMEURS DE L'INSTITUT DE FRANCE, RUE JACOB, 56

M D CCCC III

INSTITUT.
1903 — 8.

DISCOURS

DE

M. GUSTAVE LARROUMET

SECRÉTAIRE PERPÉTUEL DE L'ACADÉMIE

Messieurs,

L'hommage que reçoit aujourd'hui la mémoire de Charles Garnier était attendu comme une consécration suprême par tous les admirateurs du grand architecte et, en particulier, par l'Académie des Beaux-Arts, qui se considère, après la veuve qui veille si pieusement sur cette gloire, comme la gardienne d'un des plus grands noms dont l'art français se soit honoré. Non pas qu'un peu de marbre et de bronze, si beau qu'en soit le travail, puisse ajouter quelque chose à une telle illustration, mais il importait qu'une preuve visible de l'admiration et de la reconnaissance nationale attestât que Paris et la France se rendent compte de ce qu'était Charles Garnier, de ce qu'il a fait pour eux et de ce qu'ils ont perdu avec lui.

Car on aurait pu s'y tromper. Lorsque, il y a cinq ans, Garnier était subitement frappé par la mort, l'émotion et le deuil furent profonds parmi les artistes. Tous sentaient bien qu'un très grand Français s'en allait, mais tel personnage assez considérable, dans un état-major ministériel, s'étonnait naïvement des honneurs funèbres demandés pour lui. « Encore, disait-il, si c'était un peintre ou un musicien ! » Le ministre d'alors, fervent et sincère ami de l'art, aussitôt informé de la maladresse, s'empressa de la réparer, et l'État fit tout le nécessaire. Aujourd'hui, votre présence à cette fête, Monsieur le Ministre, la présidence que vous avez bien voulu accepter, la générosité avec laquelle votre administration des beaux-arts a secondé l'œuvre du comité, nous sont la plus éloquente des preuves que votre opinion et celle de vos collaborateurs sur l'architecte de l'Opéra sont celles d'hommes qui aimaient l'art bien avant d'en être les tuteurs officiels et dont les déclarations publiques ne font que traduire les goûts délicats de l'homme privé.

Ainsi, grâce à l'empressement des souscripteurs de la France et du monde entier, grâce au dévouement et au talent d'un de ses plus zélés collaborateurs de Paris et d'un de ses plus chers camarades de Rome, grâce au chef-d'œuvre laissé par Carpeaux, l'image de Charles Garnier rappellera constamment son œuvre et son nom. Il ne sera plus permis à personne, en voyant ce gracieux et robuste édicule élevé à côté de l'Opéra, d'ignorer ce que le nom de Garnier représente dans le développement de l'art français. Espérons que la ville de Paris, où il est né, Paris si empressé à consacrer ses gloires dans le baptême de ses

rues et le plus souvent bien inspiré dans le choix des noms
et des lieux, Paris voudra compléter enfin les hommages
posthumes dus à Charles Garnier. Il faut que son nom se
lise au coin d'une voie de belle architecture et non pas
vers Mazas, où notre confrère n'eut jamais affaire et surtout n'habita jamais.

Charles Garnier occupe une place bien personnelle
dans cette belle lignée d'architectes qui s'est succédé
sans interruption dans notre pays de la Renaissance à
nos jours et, à une civilisation nouvelle, a donné une expression égale à celle que le moyen âge avait reçue de ses
grands constructeurs. Il n'est pas seulement le disciple et
le continuateur de Philibert Delorme et de Pierre Lescot,
de Perrault et de Soufflot, de Gabriel et de Louis. Dans
cette école d'architecture, il y a beaucoup d'hommes de
talent et un petit nombre d'hommes de génie; Garnier est
de ce dernier groupe, le groupe sacré. Oui, il a eu ce
privilège rare d'ajouter à l'œuvre des siècles quelque
chose qui, sans lui, n'aurait pas existé: il a créé. Il a su
exprimer l'âme de son temps et il a laissé à l'avenir
comme la synthèse de l'esprit d'un peuple à un moment
donné de son histoire.

Le génie est souvent farouche et solitaire: il se dévore
lui-même et tourmente autrui; il se croit méconnu et lutte
avec une énergie douloureuse contre les obstacles, réels
ou imaginaires, qui s'opposent à son expansion. Garnier,
lui, était simple, bon, cordial; il avait trouvé le bonheur
dans la famille, bonheur, hélas! cruellement brisé et payé
sur la fin de sa vie; il avait le besoin et le culte de
l'amitié, « qui fait des égaux »: il ne faisait jamais sentir

sa supériorité et, vraiment, on se demandait parfois s'il en avait conscience; nerveux et inquiet dans la fièvre de la création, il se détendait bien vite par l'esprit, la gaieté et même quelque gaminerie qui complétait cette figure française et parisienne.

Aussi l'aimait-on autant qu'on l'admirait à son foyer, dans son cercle d'amis, parmi ses confrères, dans cette grande famille qu'est l'Académie des Beaux-Arts. La place qu'il a laissée dans le cœur de tous ceux qui méritèrent son affection est large et toujours douloureuse. Il est de ceux qui, perdus au milieu du chemin, vous accompagnent par le souvenir et le regret jusqu'au jour où l'on va les rejoindre. Beaucoup d'entre nous, Messieurs, en s'acquittant d'un devoir à cette cérémonie, surmontent une profonde émotion personnelle.

DISCOURS

DE

M. ALFRED NORMAND

MEMBRE DE L'INSTITUT
PRÉSIDENT DU COMITÉ

Monsieur le Ministre,

Permettez-moi, tout d'abord, de vous remercier de l'honneur que vous avez bien voulu nous faire en présidant l'inauguration du monument, élevé par souscription, à notre regretté confrère et ami Charles Garnier.

Nous vous sommes reconnaissants de l'hommage rendu à la mémoire de l'éminent artiste, créateur de ce magnifique Opéra, sans rival dans le monde.

Par votre présence ici vous témoignez et personnellement, et au nom du Gouvernement de la République, de l'intérêt que vous portez aux arts et aux artistes, et dont tout récemment vous donniez une preuve éclatante en assistant aux fêtes commémoratives de Rome et de Delphes.

J'adresse aussi tous les remerciements du Comité et ses vives félicitations aux auteurs du monument, à son architecte M. Pascal, membre de l'Institut, qui a fait preuve d'une si habile direction, et à ses collaborateurs, M. Jules Thomas, statuaire, membre de l'Institut, auteur de la partie sculpturale, et à M. Germain, auteur de la partie ornementale décorative.

Déjà cinq années ont passé depuis qu'une mort inattendue a ravi Charles Garnier à l'affection de sa famille, de ses nombreux amis et admirateurs. Il fut enlevé en pleine vigueur, alors qu'on était en droit d'espérer qu'il obtiendrait encore de brillants succès et produirait de nouvelles œuvres; on en aurait inscrit les noms sur la longue liste des beaux monuments élevés par Charles Garnier : l'Observatoire du Mont-Gros à Nice; le Cercle de la Librairie, à Paris; le théâtre de Monte-Carlo; enfin et surtout, ce monumental Opéra dans lequel Charles Garnier a pu donner toute la mesure de ses sentiments artistiques et de son génie particulier.

Dès le lendemain de la mort de notre regretté confrère, la Société centrale des architectes français, profondément émue de la perte douloureuse qu'elle venait d'éprouver dans la personne de Charles Garnier, qui l'avait présidée pendant six années, décidait d'ouvrir une souscription, dont le montant devait être affecté à élever le monument qu'on inaugure en ce jour.

Un Comité fut constitué et l'on compte parmi ses membres nombre de personnalités appartenant à l'élite artistique, lettrée, et savante.

Des souscriptions nombreuses nous vinrent bientôt, non seulement de France, mais aussi d'Angleterre, d'Amérique, de Rome, du Portugal et de l'Autriche.

Je voudrais, Monsieur le Ministre, pouvoir remercier individuellement tous les souscripteurs; mais la liste en est trop longue.

Entre toutes les nombreuses souscriptions, il en est qui nous ont particulièrement touchés, car elles témoignent de l'affection inspirée par Charles Garnier à toutes les classes de la société : ce sont les oboles de simples artisans qui ont tenu à s'associer à notre manifestation en prélevant une offrande sur leur modique salaire.

Je suis heureux aussi de rappeler ici la manifestation organisée à l'Opéra sous la direction de M. Gaillard et de M. Bertrand, dont on déplore douloureusement l'absence en ce jour; cette représentation extraordinaire, à elle seule, a fourni une des parts les plus importantes de la souscription, et elle nous a permis d'élever un monument digne de la grande mémoire à laquelle nous le consacrons.

Le Ministère de l'Instruction publique et des Beaux-Arts, en contribuant à faciliter l'exécution de la partie sculpturale, s'est aussi associé à l'œuvre dont le Comité était chargé de poursuivre l'accomplissement.

Au nom du Comité, Monsieur le Ministre, j'ai l'honneur de vous faire la remise du monument. Il honorera et fera passer dans la postérité le nom de Charles Garnier, inscrit désormais dans la liste des maîtres qui ont contribué à la gloire architectonique de la France, les Gabriel, les Mansard, les Soufflot.

Et la veuve éplorée, cruellement éprouvée par la perte,

à quelques jours d'intervalle, d'un mari et d'un fils chéris, verra, dans cet hommage un adoucissement à ses douleurs, et le témoignage inaltérable de sympathie et d'admiration de ses amis.

DISCOURS

DE

M. C. MOYAUX

MEMBRE DE L'INSTITUT

AU NOM DE LA SOCIÉTÉ CENTRALE DES ARCHITECTES

MESSIEURS,

Au nom de la Société centrale des architectes français,
je salue le monument consacré à la gloire de son ancien
président, Charles Garnier, à la gloire du fils de l'humble
forgeron, devenu l'un des plus grands architectes des
temps modernes, le plus connu et le plus populaire en
France, le plus renommé parmi les artistes du monde
entier.

L'initiative de cette glorification appartient à la Société
que je suis venu représenter, mais à tous les amis, à tous
les admirateurs de l'illustre architecte appartient l'honneur
d'avoir su réaliser nos vœux en perfection.

Si l'œuvre se dresse aujourd'hui devant nous, dans
l'éclatante fraîcheur de sa nouveauté, grâces en soient
rendues à tous ceux qui, s'associant à notre pieuse

pensée, ne nous ont mesuré ni leur temps, ni leur peine, ni leur généreux concours. Au Comité d'abord et à son dévoué président, à **M.** le Ministre de l'Instruction publique et des Beaux-Arts, à l'Institut de France, au Conseil municipal de Paris, au Conseil général de la Seine, à **M.** le Directeur, aux artistes et au personnel de l'Opéra, à la Société des Gens de Lettres, à toutes les Sociétés d'architectes françaises ou étrangères, aux élèves de l'École nationale des Beaux-Arts et de l'École spéciale d'Architecture, au Syndicat de défense mutuelle des architectes, au Conseil d'administration des chambres syndicales de l'Industrie et du Bâtiment de la ville de Paris et du département de la Seine, à la Société des bains de mer de Monaco, aux ouvriers de Garnier dont la modeste offrande n'a pas été la moins appréciée, à tous les souscripteurs enfin, la Société centrale des architectes français offre l'expression de sa plus vive reconnaissance. Elle doit un témoignage de particulière gratitude à mes éminents confrères **MM.** Pascal et Thomas, pour le soin qu'ils ont apporté à la composition et à l'exécution du monument. Elle doit enfin un respectueux souvenir à Carpeaux, l'illustre auteur du portrait si vivant dont vous admirez la reproduction.

Ce n'est point ici, au pied de l'Opéra, qu'il importe, Messieurs, de dérouler une fois de plus à vos yeux la belle suite de travaux qui honorent le nom de Charles Garnier. Sans doute ce merveilleux édifice est loin d'être son titre unique à la gloire, et longue serait la liste des ouvrages où s'est comme jouée la brillante facilité d'un talent qui a su imprimer un caractère de maîtrise à ses moindres productions. Sans doute une élite d'artistes et de gens de goût se trouvera toujours pour apprécier comme il convient tant de créations ingénieuses, élégantes, variées, du génie le plus souple et le plus fécond. Mais enfin, vous le savez, Messieurs, c'est le tort des chefs-d'œuvre de noyer dans le rayonnement de leur lumière les ouvrages de moindre éclat qui leur font cortège. L'admiration est naturellement attirée vers les plus hauts sommets, la gloire aime les cimes, et, parmi les travaux des hommes elle choisit les plus dominateurs pour les désigner aux louanges de l'avenir. Heureuse injustice de la renommée qui ne repousse dans le demi-jour tant d'œuvres charmantes que pour mettre le chef-d'œuvre en vive lumière!

Assurément rien ne sera perdu pour les connaisseurs de l'abondante production de Charles Garnier, mais dans cet artiste si riche d'œuvres égales par le talent, inégales en importance, il était naturel que le public vît avant tout l'architecte de l'Opéra. À son tour la postérité, qui n'immortalise qu'en simplifiant, sanctionnera le jugement spontané de l'opinion publique. Et nous, Messieurs, nous n'avons fait qu'obéir à ce jugement, que prévenir cette sanction, quand à l'ombre du gigantesque et somptueux édifice, comme une signature au coin de l'œuvre, nous avons placé l'image et gravé le nom de l'ouvrier.

Un tel rapprochement parle assez haut, Messieurs, pour que ma faible éloquence se trouve dispensée d'y insister davantage. Mais ce que je ne puis taire, en tant que président de la Société centrale des architectes français, c'est la distinction supérieure avec laquelle Charles Garnier occupa cette même présidence où j'ai l'honneur de lui succéder. Le génie de l'artiste, ses œuvres le proclament, et tous en peuvent juger; mais il faut avoir comme nous vu l'homme à l'œuvre dans le train courant de la vie pour apprécier les richesses infinies de cette nature vive et brillante, pour comprendre quel rang souverain ce fils du peuple avait su prendre dans la haute aristocratie des esprits. Intelligence extraordinaire, ouverte aux sciences et aux lettres non moins qu'aux arts ; universalité de connaissances, promptitude d'assimilation, facilité d'élocution, esprit, entrain, bonne humeur enjouée qui savait se faire sérieuse dans les questions graves, mille ressources d'un esprit avisé, subtil, vigilant, rompu aux finesses de l'administration, tant de qualités réunies en un si rare ensemble faisaient de ce grand artiste un président incomparable.

Utile à la Société centrale par sa haute situation, par l'éclat de sa renommée, Charles Garnier ne l'était pas moins par les services que nous rendait journellement son incessante et multiple activité. En lui notre Société a fait la plus sensible perte qu'elle pût faire. Aussi avons-nous tenu, Messieurs, à ce qu'en effigie du moins, il fût encore parmi nous, et ce même buste que nous avons devant les yeux tient la place de l'illustre absent dans notre salle du conseil. Ainsi tandis qu'à l'Opéra, devant ce portrait salué de la foule, le culte que nous avions pour notre président nous poussera plus d'une fois à nous incliner dévotement, nous nous plairons à lui rendre, au siège de nos réunions, un hommage plus familier, plus intime, et, de cette Société qu'il aimait autant qu'il en était aimé, Charles Garnier demeurera le Président d'honneur.

DISCOURS

DE

M. J.-B. PASCAL

MEMBRE DE L'INSTITUT

AU NOM DES COLLABORATEURS DE CHARLES GARNIER

MONSIEUR LE MINISTRE,

MESDAMES,

MESSIEURS,

Si j'avais pu ne consulter que ma reconnaissance et mon admiration enthousiaste pour l'être extraordinaire dont s'affirme ici en granit et en bronze la triomphante carrière, ce buste serait remplacé par une figure en pied dont je crois voir se dresser ressemblante la nerveuse et étrange élégance: ces jeunes hommes dont l'un, qui ressemble à son fils, le glorifie et l'autre s'inspire de ses œuvres, seraient dorés comme des génies accompagnant le

Dieu. Rien n'aurait été trop beau, trop coloré, trop riche pour caractériser cet improvisateur dont la fécondité bouillonnante était réglée comme d'instinct par l'arrangement, l'ordre et la composition, si indispensables à nos œuvres, pour fêter cet enthousiaste de la beauté surabondante, cet enivré de la couleur sur de nobles formes.

C'est pour le culte que j'avais voué au maître devenu mon ami que j'ai reçu le dangereux honneur de dresser au pied de l'œuvre gigantesque ce timide hommage d'un disciple effrayé. C'est mon affection, la sienne, je m'en glorifie, — mon chagrin de sa perte qui me désignent en ce moment, de façon assez inusitée, pour parler quand même au nom de ses collaborateurs.

Et d'abord, pour rappeler que son camarade Thomas, son ami d'enfance, demeuré partout son collègue, auquel il avait confié les morceaux les plus importants parmi ses figures décoratives, a voulu en orner aussi son monument ; pour rappeler que Germain, le sculpteur de ces ornements, était à peine un jeune homme quand il débuta chez Darwant, pour ne citer qu'un nom de sculpteur d'ornement, dans les ateliers de décoration de notre grand chantier et y reçut l'empreinte du maître ; que la même maison Christofle qui dressait les groupes de Gumery, naguère étincelants, au frontispice de l'Opéra, a monté ces bronzes et gravé ce plan, pour nous plus admirable encore que l'œuvre en élévation.

Les Mac Donald d'Édimbourg, que représente ici M. Leclercq, avaient mis à bord vingt fois en Écosse ces mêmes granits dont Garnier se plaisait à utiliser la solide et chaude coloration. Ceux-là sont morts.

Mort aussi Carpeaux, son puissant collaborateur, l'auteur de la vivante image qu'il a fallu doubler pour la mettre à l'échelle du voisinage.

C'est qu'il a été largement fauché dans cette armée des collaborateurs, depuis les plus intimes, les confidents directs de sa pensée, qui constituèrent sa première agence, son groupe des architectes, jusqu'aux modestes interprètes, aux ouvriers dont il méritait l'admiration et la reconnaissance; c'est qu'il a été cruellement abattu parmi la foule des artistes qui lui avaient apporté un nombre considérable d'œuvres supérieures.

Louvet, Jourdain, ses amis plus que ses inspecteurs, ne sont plus. Bénard, Yriarte, Boudoy, Noguet ont disparu; d'autres encore. En revanche Guadet, Ambroise, Baudry, Stettler à Berne, Batigny à Lille, Raulin, Larche et Vachon, Le Deschault, Nénot, Scellier de Gisors, Cassien Bernard, Reynaud, Bertone, après s'être formés à cette grande École que fut l'agence de l'Opéra et y avoir tracé leur sillon, récoltent encore des moissons de ces ferments que leur grand chef leur donnait à semer à pleines mains.

Je dois citer les administrateurs : de Cardaillac qui le soutint énergiquement de toute sa responsabilité à la période difficile, Tétreau, Langlois de Neuville, Poulin, J. Comte. Je n'ose parler des ministres depuis Walewski, car la guerre de 1870 et la coupure sanglante qu'elle a apportée dans les travaux m'entraînerait sur un terrain qui n'est pas le nôtre. Son œuvre eut cependant la bonne fortune de n'être jamais abandonnée.

C'est toute l'élite des artistes français pendant un demi-siècle qu'il faudrait glorifier, — si c'était l'heure d'une pareille énumération; on ne peut guère résister pourtant au désir de citer au hasard et pêle-mêle : Cavelier, Élias Robert, Perraud, Mathurin Moreau, Delaplanche, Hiolle, Carrier-Belleuse, Dalou, Falguière, Guillaume, Barrias, Chapu, Crauk, Injalbert, Mercié, etc., parmi les sculpteurs, et, parmi les peintres : Baudry, Pils, l'autre Barrias, Delaunay, Boulanger, Clairin, Lenepveu, etc. ; tout ce monde animé de son souffle, entraîné de son ardeur, avait rivalisé pour le satisfaire, et cette flamme toujours ravivée échauffait aussi ses entrepreneurs, jaloux d'être à niveau avec ce qu'il imaginait et exigeait : l'audacieux Violet, Monduit, Clairin, Dubrujeaud, Langlois, Lecoq, Facchina, le mosaïste, Hanreau, le marbrier, Lacarrière et Delatour, Beau, Dunand et Dior, si obligeants à nous seconder.

Tant de noms se presseraient encore si on allait chercher à la Côte d'azur ceux qui l'ont interprété avec dévouement à Monte-Carlo, à l'observatoire Bischofsheim ou à l'église de Bordighera, et s'il fallait nommer ceux qui ont gardé de sa haute et ferme, mais si bienveillante direction un souvenir reconnaissant, la liste en prendrait ici une place déjà trop remplie.

Un exemple : quand à cette maison Belloir dont le chef fut particulièrement généreux pour notre souscription, je demandai sa participation pour notre petite cérémonie d'aujourd'hui, il me fut répondu : « Pour le souvenir de Garnier rien de trop; tout ce que vous voudrez ».

Collaborateur, lui, l'a été à tant d'œuvres bonnes ou grandes, qu'il fut un temps où il ne suffisait pas matériellement à répondre aux appels des consultations, des commissions, des conseils où tout de suite il fallait qu'il fût au premier rang, impatient et écouté. La gratitude de l'École, de la Ville, de l'État témoignerait, en parlant de sa participation à tant de sujets divers, de son désintéressement autant que de son extraordinaire compétence. Il avait toutes les intuitions cet homme qui, pour se délasser dans la douce existence que lui faisait une femme faite pour lui, collaborait en pleine bataille à une folie-opérette avec son camarade, le musicien Duprato, ou avec son fils à des calembredaines et à qui, parallèlement, on demandait avis pour telle grande œuvre religieuse, sociale ou politique où l'art était mêlé, sans que jamais ses collaborateurs d'occasion le trouvassent indifférent ou inférieur, témoin sa belle solution pour les funérailles de Victor Hugo.

Qu'il fallût traiter des affaires de l'Institut, de l'organisation des sociétés d'art ou de bienfaisance, des rapports avec l'étranger, d'enseignement, d'Exposition, d'administration, toujours la vue était claire, la compréhension prompte et le parti vivement pris.

Mais il sortirait du rôle qui m'est assigné de parler d'autres entreprises que de celles où il a été le chef, le chef exclusif, et où cet artiste a déployé des qualités, j'oserai dire géniales, qui lui auraient permis de prendre dans tous les domaines n'importe quelle place, de remplir n'importe quelle fonction en s'avançant toujours en première ligne. C'est assez, dans la sphère définie où nous nous mouvons, parlant de collaboration effective, de pouvoir saluer en Garnier un meneur d'hommes, doux, généreux, séduisant, souple et fort, un créateur, un chef, celui sous lequel les jeunes compagnons de son âge mûr se vantent d'avoir fait leurs premières armes, comme les grognards parlaient d'avoir assisté à la bataille des Pyramides.

Paris. — Typ. Firmin-Didot et Cie, impr. de l'Institut. 56 rue Jacob. — 43557.